AF227056

LE BAPTÊME

DE

NAPOLÉON IV

Par Jacques BRETON, prêtre
(Diocèse de Tulle).

BRIVE,

IMPRIMERIE DE JULES VERLHAC.

—

1856.
1857

LE BAPTÊME

DE

NAPOLÉON IV.

—◆—

Dans le vieux royaume de France et de Navarre, dans un empire qui s'appelle l'Empire Français, dans un pays qui longtemps porta le nom de Gaules, pays dont les guerriers se mesuraient avec Rome naissante, refoulaient son Jupiter *Stator*, en portant les alarmes au milieu du peuple-roi, dans une ville qu'on nomme Paris, il existe un berceau impérial; l'Europe et l'Asie le couvrent de félicitations, la sainte Russie, qui gouverne des espaces comme le monde, qui, depuis la Perse, l'Inde, les mers Noire et Baltique, l'Autriche et la Prusse, étend ses provinces fières de leur gouvernement, leur Empereur, digne de porter le nom d'Alexandre, a fait éclater des ovations, à Moscou, à Saint-Pétersbourg, jusques sur les champs de bataille de Sébastopol, il a fêté l'aurore de Napoléon IV ; la Grande-Bretagne, mieux intentionnée qu'autrefois, fait retentir le bronze de ses flottes martiales, et parle à l'Océan de la naissance d'un prince Français.

L'auguste Impératrice du royaume très-chrétien nous présente un Napoléon nouveau-né, qu'elle destine au bonheur de son peuple, à la confiance du monde, à l'admiration des publicistes, à la postérité de l'avenir, aux profondes méditations des diplomates sur les destinées futures.

Que pensez-vous que sera cet enfant, disait-on à la naissance de Jean-Baptiste ? La main du Seigneur est avec lui ! Que pensons-nous aujourd'hui de Napoléon IV ? Lorsque l'Europe, naguère agitée, se pressait en flots tumultueux sur les champs de bataille, on voyait dans son sein des volcans révolutionnaires plutôt assoupis qu'étouffés ; lorsque des génies élevés, influents, soulèvent toutes sortes d'innovations, irritent l'avidité, la jalousie des masses imprévoyantes, divergeantes de croyances et d'intérêts, peu sûrs d'arrêter les torrents qu'on se plaît à voir déborder, une naissance illustre sur le trône de France, témoigne en faveur de la paix, de la civilisation, de l'industrie et des beaux-arts.

La nouvelle Rome, dont le pontife, modérateur des questions religieuses, conserve le feu sacré pour éclairer nos âmes aux rivages de l'éternité, vient placer le jeune Prince sous les signes de la régénération, assurer son règne dans la maison du Seigneur, et lui ouvrir pour la carrière de ce monde les auspices consolateurs où nous joignons notre existence présente à cette autre que nous attendons sur les promesses de Jésus-Christ.

Au berceau de l'enfant, la religion proclame ce qu'elle ne cessera de dire jusques à la mort : travail, patience, prières et renaissance devant Dieu. L'étincelle de la vie pour ce monde n'est à la disposition de personne ; nous ne pouvons en assurer la conservation, ni l'accroissement ; nul ne doit arrêter dans son cours celui qui ouvre sa source et son avenir, la vie ne peut sortir que des mains du Seigneur suprême , et lui seul juge du temps qu'il lui destine ; mais dans ses rapports avec nous, il a laissé des gages qui peuvent garantir sa protection et ses dessins, il a voulu nous couvrir de ses paroles, et là où nous sommes insuffisants, il supplée par son vouloir, son pardon et ses grâces ; c'est contre lui que se lèvent les bras homicides et lâches, qui , n'osant combattre ouvertement pour leur cause, la souillent d'un sang qui crie jusques dans le ciel et stigmatise de honte et de crimes ceux qui l'ont versé.

Dieu doit être le maître de toutes les existences, *Domini est terra et plenitudo ejus orbis terrarum et universi qui habitant in eo.* Si nous pouvons lui faire hommage de sa puissance, qui étincelle au firmament, *Cœli enarrant gloriam Dei,* de sa force de son immensité qu'il étale dans l'étendue des mers, la profondeur de ses gouffres et la continuité de ses ondes qui enveloppent le globe ; si nous pouvons l'admirer sur la terre dans la variété des végétaux, sur la hauteur des montagnes , la multitude des aliments qu'il nous prépare dès le premier jour ; si nous avons à utiliser à notre profit l'innombrable espèce des animaux qui veulent partager la terre avec l'homme et l'habiter avec lui, encore que nous ne puissions pas supposer que le Maître éternel abandonne tout à fait ce que sa main généreuse a placé pour en faire des œuvres dignes de sa munificence et de ses plans, nous ne pouvons cependant intéresser le Seigneur à la naissance d'un végétal , à celle d'une bête, à la course d'un fleuve, comme nous le faisons pour l'enfant qui vient de naître. Quel est le langage des étoiles et de la nature entière ? Si nous le séparons du nôtre, les astres ont beau s'épanouir au-dessus des nuages , marcher comme des soldats sûrs de leur route, promener leurs rayons aux différents points de ce monde, c'est pour eux un parcours qu'ils ne savent choisir ; des feux qui ne répondent à aucune interpellation, et l'on voit le vide et l'absence du raisonnement dans leurs masses lumineuses, qui sillonnent l'espace pour se reproduire à la même destination.

L'enfant, sans doute, dans ses vagissements des premiers jours, n'offre que faiblesses, alarmes, incertitudes ; il n'intéresse que par sa misère, et ses souffrances, et ses besoins ; il ne sait que verser des larmes, et si les autres êtres animés saisissent bien vite la part qui leur revient à l'alimentation et à l'accroissement, en de longs jours et pendant plusieurs années, l'enfant, toujours pauvre, ne peut avoir aucun soin de ses provisions, et n'échange que par un sourire et des larmes l'attention qu'on est obligé d'avoir pour lui.

Quelle ne doit pas être la tendresse des mères ? Si parfois elles font défaut à cette longue et assujétissante sollicitude, toute la nature s'offense de leur dureté et de leur oubli ; et si parfois le crime ravage la mémoire des parricides, la honte ne peut plus quitter leur demeure, elle reste implacable dans la justice de ses rigueurs. Il est donc inappréciable le devoir d'une mère. Son école est partout la plus respectée et la plus nécessaire.

L'enfant a-t-il grandi, que doit-il devenir ? Il est né pour présider au gouvernement des peuples. Quelle sphère devant lui ! Les peuples qu'il faut éclairer, les armées qu'il faut aguerrir, les administrations dont il faut soigner le zèle, la prudence, la probité ; les lois qu'il faut observer, le siècle qu'il faut signaler et marquer d'un sceau distinctif ; la gloire qu'un grand prince doit toujours appeler autour de lui et de son peuple ; la justice, base et fondement de l'ordre social, qu'il faut respecter en tous lieux. Que les attributions d'une couronne soient imposantes, les devoirs et les dangers en sont immenses. Pour arriver à un grand prince, doit-on s'étonner que la foi religieuse se présente la première pour l'aggrandir, le sauver et lui parler de ses devoirs ; que sa mère et ses serviteurs veillent sans cesse pour conserver à ses destinées celui que Dieu appelle pour en faire le représentant de sa gloire et de sa justice ?

Si l'enfant doit se plonger dans la carrière des sciences, il devra un jour instruire ses semblables, les étonner par ses découvertes, donner au langage une force et une magnificence qui entraîne à ses leçons et à sa doctrine, ouvrir les profondeurs respectables de la religion, aller sous le visage du Seigneur attendre qu'il lui découvre quelque chose de ses splendeurs, frapper au cœur les peuples pour les intéresser au service de Dieu et leur montrer les vanités d'ici-bas à échanger contre les destinées meilleures par delà les ombres du tombeau. A cet enfant faut-il regretter les soins et les tribulations inséparables ?

Il ne faut pas non plus les refuser aux pauvres parmi le peuple. Leurs mains travaillent la terre ingrate et maudite, conservent les troupeaux, entrent dans les armées aux dangers de tout genre, aux fatigues sans nombre ; sur les routes et les travaux des grandes villes, les manufactures et la navigation, les édifices et les monuments. Que ferait-on sans eux ? Ils font croître les moissons d'où tirent l'aliment les tables les plus somptueuses. Le plus souvent disgraciés des dons de la nature, le plus souvent aux privations, aux douleurs, aux épidémies, à la mort, eux qui quelquefois ont nourri leurs semblables dans les sueurs de cinquante ou soixante ans, ne trouvent personne pour les secourir. C'est leur nombre qui leur nuit, et leur nombre fait la force des royaumes et des provinces.

Quand arrivera pour eux une justice plus prévoyante, et quand pourra-t-on inventer l'art du travail pour ceux qui, valides, ne laissent pas de transir et de s'étioler dans la paresse ou le vagabondage? Ceux-ci enlèvent le plus souvent aux nécessiteux la part qu'accapare l'indolence.

Serait-ce un guerrier dont l'heure de la naissance a sonné? Encore que la science de la destruction soit malheureuse et couvre notre globe d'horreurs et de confusions, les maladies des peuples sont quelquefois incurables, et le glaive étincelant arrive en des jours où il est forcé de se produire. Sans doute, c'est bien à déplorer que des hommes du côté du nord et du midi, se cherchent, se menacent, se réunissent dans les plus vastes plaines, ou quelquefois au milieu des gorges d'une montagne, eux qui ne se sont jamais vus et n'ont qu'un même père, qui est Dieu, un seul soleil pour séparer le jour et la nuit ; eux qui devraient trouver tant de jouissances à s'aimer, à s'entr'aider, à se procurer des ressources. Tout à coup, après des débats plus ou moins importants, des armées chargées de feux et de fer, vont l'une contre l'autre, se visiter sans doute, ou parler de leurs mœurs ou de leurs usages? non; c'est pour s'exterminer, s'engloutir, se mutiler, se forcer à mourir de faim, de sueurs, de travail, et le plus souvent promener des choléras plus mortels que les combats.

Cependant, si le sort des nations dépend d'une guerre, de quel prix n'est pas le guerrier qui sait conduire tant de milliers d'hommes, posséder leur âme, enflammer leur intrépidité, et présenter à toutes les chances des combats un génie plus fort que la mort, enrichir les annales de la patrie et dominer les destinées du Monde?

De toutes nos gloires, encore quelles soient multiples, la gloire des combats, quoique dégoûtante de sang, est la plus éclatante et demande des hommes dont l'âme est plus vaste et plus énergique que celle des autres célébrités. Tout un peuple doit s'intéresser aux destinées des enfants, et si le berceau désignait un guerrier, l'on devrait encore, quoique en gémissant, l'environner de plus d'égards et de plus de prières ; car Dieu place dans ce petit être la vie, la gloire, la destinée des nations.

Ainsi l'enfance, toute malheureuse qu'elle est, doit intéresser à sa conservation. Mais là où l'homme est homme, où il est véritablement quelque chose, c'est par la foi et la religion. « Ne méprisez pas les plus petits enfants, disait Jésus-Crist, leur ange dans le Ciel voit la face de mon père. » Quelle merveille s'ouvre à l'aspect d'un enfant ! Bientôt garanti par Dieu, et pour cet âge où il est incapable d'exercer ses vastes facultés, encore enseveli dans les premières limbes, sous nos yeux commence une destinée immense. L'enfant peut manquer des dons de la nature, il ne manque pas des secours de la Grâce, et il

n'en manquera jamais, à moins qu'il ne s'obstine, ne se
dégrade, ne renonce à l'espérance, ne s'étiole dans un
matérialisme abject, où il fraternise avec les brutes. Et
pour repousser cette frénétique destination, il a pour lui
ses formes mieux dessinées que celles de tout être vivant
et visible ; il a son identité qu'il ne peut pas confondre
ni la jouer au parallèle des autres animaux ; il a des
éclairs d'intelligence, et encore qu'ils soient nuageux
dans les revers, sous les auspices de l'or, et surtout dans
les ténèbres de l'ignorance, jamais l'homme, quel qu'il
soit, n'avouera sans dégoût sa parenté absolue avec un
crapaud dont il voit la mort s'assimiler à la sienne.

Pour peu qu'il prenne son essor dans l'avenir, l'enfant
surtout, ou plutôt le jeune homme, marquera la vivacité
de ses désirs, son indomptable imagination le gorge de
rêves brillantés, d'ambitions qui ne se rassient plus, d'ardeurs qu'il ne peut plus combler, d'indiscibles projets en
fortune, en science, en domination, en variétés de plaisirs et de convoitises qui ne finissent plus, qui tombent
enfin sous la lassitude d'une expérience qui le boule-
verse. Ce qui fait dire à Bossuet que l'homme marche
vers le tombeau, traînant après lui la longue chaîne de
ses espérances trompées. Ainsi éclate un esprit et une
âme destinés à vivre toujours. Ainsi les peuples, même
les plus oubliés, ont compris leur destination et placé
leur avenir, leur immortalité, dans le sein d'une providence qu'en tout temps ils ont voulu reconnaître. Et,
sous prétexte que les hommes se trompent, vouloir les
déconsidérer dans cette appréciation, ou oser soutenir
qu'ils en ont menti, c'est insulter Dieu; dire au mensonge:
tu as fait l'ordre moral et intellectuel, c'est outrager ce
que la science nous apprend de nous-mêmes, et, bête,
s'efforcer de rendre les autres comme soi. S'il y avait
une naturalisation de ce genre, les autres pourraient la
regarder comme un spectre d'Enfer, et pire que lui.

Le chrétien, aujourd'hui, est plus riche que n'ont pu
l'être les siècles antérieurs, après les méditations de leurs
savants, de leurs sages ou de leurs législateurs.

L'immense rançon de Jésus-Christ pour tous les hommes, quoique diversement répartie, fait toujours d'un enfant baptisé un être peu différent des anges. Si ceux-ci sont éclairés sur tous les ouvrages du Créateur, s'ils séparent leur brillante couronne de celle des astres les plus radieux, et les éclipsent tous par la majesté de leur prérogatives; si, pensées substantielles et savantes, ils enveloppent dans leurs regards tous les êtres; s'ils fouillent les grandeurs de Dieu et se jouent dans cet océan comme les poissons au milieu des vagues; s'ils respirent l'amour et le versent à plein torrents, se conjouissent et s'enflamment, chantent leur gloire et leur puissance, s'ouvrent à tous leurs désirs pour les satisfaire; s'ils sont le monde qui a toujours fait le plaisir de Dieu, et si leur force ébranlerait toute la matière comme le vent emporte une paille, l'enfant racheté de Jésus-Christ a bien peu à leur envier. Elles sont infranchissables sans doute les traverses de la vie, mais ce n'est qu'une route, et à l'horizon brillent les plus belles espérances. Vous pouvez briser l'homme voyageur, vous ne faites que semer quelques débris qu'il retrouvera plus tard, et vous laissez intacts sa volonté intérieure, ses vœux, ses prières, sa vitalité spirituelle qu'il portera ailleurs. N'a-t-il pas vécu par sa pensée en des pays qu'il n'a jamais vus? N'a-t-il pas désiré ce qu'il ne pouvait atteindre? Qui comptera dans la vie l'activité de l'intelligence, quand vous aurez, libre de toutes les entraves, les forces de l'esprit? N'ayez peur qu'elles manquent de puissance et d'aptitude à s'élancer vers le merveilleux. Les plus indolents ici-bas sont les premiers frappés et les plus crédules pour arriver au surnaturel, dont ils parlent avec plaisir et qu'ils courent recueillir au plus loin.

Il y a des Tabernacles éternels, une enceinte privilégiée, une Jérusalem céleste fondée par Jésus-Christ; il y a des joies inénarrables, une puissance à s'approprier, des lumières à recevoir, une exaltation d'âme et de sentiments à immiscer au milieu de nous; il y a un Dieu à posséder, et toutes ses grandeurs mises à un état dont nous pouvons faire la conquête. En cette aspiration, ni l'ange, ni l'homme, n'ont jamais pu en faire le résultat d'une aubaine discrétionnaire. Il est question, pour y arriver, de dons et de miséricordes dont la répartition la plus commune doit être précédée de supplications, de foi, et de prières. Jésus-Christ transmet à ses disciples ses droits et l'acquit de ses mérites. C'est un dessein qui ne peut venir que de Dieu : il nous rend participants d'une divinité qui participe elle-même à notre misérable nature. Frères et enfants de Dieu, nous sommes ses héritiers ; nous passons d'une condition déchue à une valeur de restauration dont les résultats sont inappréciables. Notre aîné paie pour tous, et Dieu reçoit plus qu'il ne donne. L'homme régénérateur immiscé en Dieu, incorpore à sa substance dont il est pénétré en tous ses membres, traite avec le maître de toutes choses, et lui verse au-delà de ce qu'il demande, pour nous introduire dans une famille de prédestination, qui, d'avance, a payé les places du Paradis. Dieu a reçu notre rançon, Dieu a réglé. Il ne reste plus aux aspirants que de se maintenir sur la ligne des promesses faites et déjà sanctionnées. Comme la régénération regarde tous les hommes, je ne doute pas que le Sauveur ne s'interpose au vouloir des hommes vertueux, quand même ils ignoreraient la science du salut, et qu'ils n'arrivent ainsi à figurer sous ces auspices. Les chances alors ne sont pas les plus heureuses, quoique la vertu de Jésus-Christ soit inépuisable, elle ne laisse pas d'abonder davantage dans sa religion, et de servir plus efficacement ses adeptes.

L'enfant chrétien est donc bien élevé par la foi, et un ange, même des plus hautes hiérarchies, n'est pas étonné d'avoir à s'employer auprès d'un être qui bientôt arrivera à lui être semblable, et plus il sent la valeur de l'éternité, plus il s'inspire de tendresse et d'affection pour son pupille. Il voit un nouveau triomphe dans celui de son protégé, et un emploi plus étendu des miséricordes divines. S'il n'a pas encore communication du livre de vie. qui peut être en réserve dans les archives d'en-haut, il importe toujours beaucoup de s'y faire inscrire par ses bonnes œuvres, comme le dit saint Pierre, ou de prouver, comme le veulent certains systèmes, que nous y figurons déjà. Notre ange protecteur marquera sa mission auprès de nous par toute sorte de bienfaits, et sa science nous fournira de ces ressources de faveur qui peuvent venir de lui, lorsque la terre manque sous nos pas, et que les fléaux les plus mortels tombent, mille à gauche, dix mille à droite sans nous atteindre.

Un jour viendra pour Napoléon IV, disposé à se rendre compte de son baptême, et regardant dans le passé comment son aurore aura été saluée par tant de nations, pourquoi la France aura prié, et dans quel but le chef spirituel de la chrétienté aura été appelé, d'au-delà des mers et les montagnes, pour inaugurer sa renaissance d'enfant du Calvaire, au milieu des acclamations de la capitale et des frais sans nombre qui auront préparé une grande journée, sous les voûtes d'un temple décoré par l'or et les hiérogliphes. Dans le langage muet des ornements et l'appareil des richesses d'un grand peuple, après qu'on aura satisfait la curiosité qui se lasse bientôt et se flétrit bien vite, avec les monuments de ce monde, avec l'éclat des prélats français et des légats du St-Père, avec ou sans tous ses appareils, il y a quelque chose de plus significatif : c'est le sang et la parole de Jésus-Christ appliqués sur l'âme du Prince Impérial. Cette sanction divine le rendra plus cher et plus respectable à tous les peuples. La puissance d'en-haut est appelée sur cet enfant, et mieux que les registres de Paris, ceux du Ciel ont mentionné un nouveau chrétien, et leur fête en est plus solennelle qu'ici-bas.

Le baptême apprendra au Prince français, qu'étant racheté par Dieu et destiné à vivre dans une patrie où les autres hommes ont aussi participé aux promesses de la religion, il faut élever ses regards vers les hauteurs de la foi, saluer ses prérogatives, contempler les espaces et les mondes divers qui prêtent leur étendue en spectacle à des regards comme les nôtres, dignes d'admirer et de

comprendre. Il sera surpris que notre pauvre aggloméra-
tion se fatigue sur ses orbites étroites, et n'aille pas
plutôt se choisir d'autres demeures. La parole du baptême lui paraîtra préférable aux amusements puérils d'un
esprit oiseux. En plongeant dans la profondeur de nos
misères, il verra nécessaire un état de rédemption, et la
date de l'origine des siècles présente cette œuvre aussi
miséricordieuse qu'indispensable au retour de notre première fortune. Que peuvent les contradicteurs anciens
et nouveaux ? Ne vous attendez pas à les trouver occupés
de rivaliser avec vos espérances, tenir en échec des
promesses magnifiques, et vous dire, comme en un concours solennel : nous sommes forts comme vous, savants
comme vous, généreux en plus, notre avenir est plus
brillant. Ils se gardent bien d'invoquer le recevoir de
l'éternité. Aujourd'hui, c'est un trépignement philoso-
phique dans la boue de nos conjectures, et puis le désespoir et le néant. Les autres cultes ne sont qu'un emprunt
à Jésus-Christ avec les fantasmagories de ce monde.

Les princes sont appelés à soutenir et à glorifier les
saines doctrines, à les entourer de bienveillance, même
en respectant partout la liberté de conscience. Toute
forme de nature à violenter les esprits, est funeste en
matière de religion : celle-ci n'étant plus qu'une intrigue
gouvernementale, n'attire que des mépris. Si parfois on
arrive à la louer de bouche, dans la réalité on en fait un
trafic, transmise ou se communiquant sous un masque
de jonglerie. Non-seulement l'on apprend à flatter à tout
vent de doctrine, mais l'on s'habitue à trouver dans les
croyances un je ne sais quoi d'hypocrisie, de mensonge
et d'intérêt, dont les lambeaux épars ne présentent que
l'incrédulité. La vraie religion n'a besoin que d'elle-même
pour marcher et s'étendre aux lieux qui lui sont destinés.
Elle se vivifie sous la puissance de Dieu. Quand il lui
plaît, il n'attend ni n'a besoin de personne pour agir.
Les insulteurs de la foi, tout misérables qu'ils sont, fati-
guent moins et sont peut-être une persécution moins
honteuse qu'un protectorat qui se servirait du glaive pour
la domination des esprits.

Jésus-Christ étant Dieu, se communique à ses adorateurs ; il leur demande des recherches, des prières, une conduite d'un cœur droit ; et, s'il est le maître de retirer du fond des abîmes ceux qu'il lui plaît d'en extraire, il n'est pas décent de s'attendre à être promu par lui à la foi et à la confiance, si on ne le cherche, si on ne le désire, dans un esprit de vérité et de sincérité.

Autrefois, apperçus et jugés de la hauteur où nous sommes aujourd'hui, les dieux des nations aussi civilisées que nous, font bailler de pitié. L'on s'étonne que tant d'esprits élevés aient vécu et soient morts en donnant la main aux prostitutions olympiques et chinoises. La foi d'alors était-elle stérile ? Je ne voudrais pas le penser. Aux religions les plus bizarres, avec amalgame de contradictions, il y avait un espoir au Messie, une enclave pour le Dieu principal, au moins dans le destin et la distribution des forces divines accordées aux astres, aux plantes, aux animaux, et puis aux apothéoses humaines, n'éteignait pas l'idée première de la divinité. Les Juifs, toujours porteurs de leur Bible, jugaient du présent, du passé et de l'avenir, et les masses des évènements répondaient à leur appel. Ailleurs, le bon sens délayait les vérités les plus plausibles, les plus nécessaires, et quoique le multiple de Dieu fût de toutes les fantaisies, ceux qui étaient sérieux n'en prenaient qu'une part que la sagesse instinctive de la foi leur apprenait à découvrir. C'est ainsi qu'on a vu Socrate, Platon, Cicéron, nous parler de Dieu d'une manière savante et raisonnable :

Visitavit nos oricus ex alto.

La visite du Maître du Monde chez les hommes peut nous étonner d'abord. En regardant ce qu'il y a en nous de dégoûtant, de perfide et de mauvais, l'on se fatigue d'autant sur les desseins des miséricordes divines que nous ne méritons pas. En voyant quelle hauteur peut atteindre notre courage, notre ardeur, notre probité quelquefois, l'on hésite à trouver suffisante la protection d'en-haut : nous voudrions une splendide et immédiate rémunération pour les grands caractères. En ces écueils, nous avons besoin d'une grande patience et même d'être secourus. Celui qui se croit le maître de ses destinées, surtout de celles qui peuvent le recommander à Dieu, et qui se fie en ses forces pour en être l'arbitre, veut gouverner pour l'autre monde, n'ayant pu se connaître dans celui-ci. S'il s'efface de la scène où nul autre ne peut le remplacer, il tombe dans le vague du doute désespérant, et menace la confiance hors laquelle il n'y a plus ni foi, ni religion. Haletant en ses extrémités, il nous a fallu un guide, et un guide tel que nous l'avons dans le Sauveur; tout autre qu'un Dieu n'eût pu suffire à ce ministère. Qu'eût-il donné que ce qu'il avait reçu? Que pouvait-il pour les autres? Il est dérisoire de payer avec des emprunts qui ne nous appartiennent pas et qu'on est incapable de rendre.

Jésus-Christ, sans doute, ne donne pas sa divinté pour la mettre au pilori de nos persécutions. Dans cette essence, rien ne s'altère et ne souffre de déperdition. Mais, par un arrangement admirable que Dieu seul connaît, il enveloppe notre nature en lui-même, accepte en réalité de se faire homme, et cette fois il dispose pour nous de ce qu'il a pris pour fraterniser avec nous. Par ce moyen, un homme exceptionnel et divin dans la force du terme entre en communication et arrangements que lui seul peut ouvrir; il dépasse la mesure de nos satisfactions, et nous place sous ses auspices pour nous couvrir de ses propres mérites. Les nôtres, dans leur valeur respective, sont toujours insignifiants. La foi seule nous relève et nous donne la qualité d'enfants de Dieu. Jésus-Christ a écrit son histoire avant de la remplir, et, telle qu'il l'a faite, c'est bien celle qui nous convenait.

Il ne venait pas changer l'espèce des hommes misérables, il venait la réparer. Il ne venait pas implanter une monarchie au-dessous de laquelle les autres se seraient brisées, il venait pour tous les hommes. Un éclat de magnificence qui s'emprunte de la richesse de ceux qui nous servent, ne saurait convenir à notre Père qui, dans le Ciel, fait autrement que nous ne pouvons faire. Si les grands se protègent entre eux, il reste à Dieu de protéger les pauvres et les délaissés. La réserve qu'il se fait de secouer dans la poussière nos grandeurs éphémères, montre le cas qu'elles méritent. Le rôle de Jésus-Christ ressortait donc de la mission qu'il avait à remplir.

Avant d'arriver au seul triomphe que le Fils de l'Homme se soit permis dans sa carrière de rédempteur, nous féliciterons Napoléon IV d'être né le jour des Rameaux, déjà illustre dans les annales religieuses. Nous approuvons les joies de ce monde pour des motifs sérieux, et elles ont d'autant plus le droit de se produire, qu'un Mémorial qui nous est cher et honorable, suppose de plus grandes conjouissances dans l'assemblée des élus. Le Louvre et les Tuileries peuvent donc tressaillir à l'aurore du Prince Impérial. Que sa carrière d'empereur soit longue comme celle d'Auguste ! Que les lauriers naissent sous ses pas, ou mieux encore qu'il rende la France heureuse dans la paix et les beaux-arts ! Plus nous nuancerons sa vie de prospérité et de gloire, plus il comprendra qu'il faut s'en assurer la possession, ou ne l'échanger que pour une autre plus désirable encore. En disant au pauvre : adoucissez votre amertume ; la vie pour vous n'a été qu'un orage ; vous avez lutté contre les souffrances et les privations, la nature serait bien injuste de vous avoir livré au malheur et de s'être moquée de vous. Il ne peut pas en être ainsi. Le Maître Suprême ne vous a fait commencer votre existence que pour la changer par la mort, et vous la continuer en de meilleures conditions. Ce langage est sage et trouve un écho chez les personnes raisonnables et honnêtes. Mais si nous disons aux heureux du siècle : profitez bien de votre position ; car bientôt vous ne serez plus, leur sort, le plus enchanteur du monde, serait une amère dérision. « Vous venez m'enlever, diraient-ils, tout ce que je possède et ne le remplacez jamais ; vous m'avez accordé de vastes jouissances, et tout-à-coup il faut les perdre. Que sont devenus Attale et ses trésors ? Je ne suis donc qu'une ombre fugitive, et c'est pour cela qu'on fait un tonnerre

de joie et d'applaudissement à notre naissance? Il vau-
drait mieux trouver remède à la mort.» Et vous ne comp-
tez pas ce qu'ont à souffrir tous les hommes : maladies,
erreurs, mauvais vouloir, incertitudes, fatigues d'esprit
et de corps. Si l'on n'a qu'à vivre et à passer pour n'être
plus rien, il faut bien dire : *laudavi mortuos plus quam
viventes, et utroque feliciorem judicavi qui necdum natus
est, nec vidit mala quæ fiunt sub sole.*

Pour échapper au désastre et à l'abîme dont la gueule
béante menace tous les êtres, Napoléon répondra qu'il
est baptisé à la voix de celui qui meurt et ressuscite
comme il lui plaît : que le courage est un instinct de
grandeur d'âme; qu'il saura en garder la meilleure part
pour le fixer sur la religion, et il trouvera les athées les
plus lâches des hommes, en supposant que la mort les
achève; car, si elle est un monstre, ils doivent avoir des
réclamations à lui faire, et se défendre si ce sont eux-
mêmes qui s'usent et dépérissent. Ils devraient comprendre que leur identité reste impassible du berceau à la
tombe, que l'accroissement ou décroissement de leurs
membres n'ajoute ni n'ôte quoi que ce soit à l'invariable
qualité du lui ou du moi. Les formes sont pour changer
la véritable vie; c'est connaître et vouloir que les morts
exercent mieux que nous.

Avec Jésus-Christ, l'on se préoccupe davantage de
vivre honnêtement et de prier Dieu, que de la frayeur
de mourir. Lui-même avait annoncé la sienne en public
et en particulier. Les quelques Disciples dont il se faisait
accompagner, n'eurent pas avec lui de plus dures épreuves que le spectacle qu'il leur mettait sous les yeux à
l'approche de ses derniers jours. Il énumérait lui-même
ses souffrances, ses trahisons. « Vous m'abandonnerez,
leur disait-il, et les Juifs se feront un jeu de me faire
mourir. Je serai fouetté, flagellé, crucifié, et je ressus-
citerai dans trois jours. » Si les Apôtres veulent l'éloi-
gner de ces idées, il les renouvelle avec plus de précision;
il se donne en signe de raillement sur un gibet, et comme
Jonas habitait trois jours les flancs d'un poisson au milieu

des mers, de même il ne refuse pas d'entrer dans les sombres régions du trépas jusqu'au troisième jour. Il voit le temps quand il s'approche, mesure ses démarches, ses voyages, ses miracles qui vont concorder avec ses derniers moments. Comme il avait dit souvent qu'il était maître de mourir ou de vivre, que nul ne saurait le conduire malgré lui au trépas, il ne laissait pas de faire entrevoir, qu'encore qu'il eût pu obtenir une autre issue, il suivrait la voie des prophéties.

Lorsque sur le Thabor, où les Napoléon gagnent des batailles, il découvre une majesté et une splendeur toute merveilleuse, reluisant de l'aspect de Dieu, il répand un reflet de la gloire céleste, son visage n'offre en ses traits que puissance et majesté. Ses mouvements, comme une source inépuisable, versent des flots de lumière, comme il est facile de le faire à celui qui a donné aux astres leurs rayonnements et leur force. Moïse et Elie viennent l'entretenir du drame de sa mort et de ses ignominies, et il fait parler au Ciel le langage de ce monde, à la voix même qui gouverne toutes choses, et qui dit à son sujet ce qu'il avait dit pour son compte. Ce témoignage de grandeur n'avait d'autre but que de prémunir quelques Apôtres sur le scandale de ses derniers jours.

Jésus-Christ trouve aussi dans la résurrection de Lazare un aliment à la haine de ses ennemis. Depuis quatre jours dans la tombe, Lazare n'était plus de ce monde. Plusieurs étaient venus de Jérusalem pour consoler les sœurs d'un personnage important. Jésus-Christ paraît à cette réunion, et dans une famille qui lui est dévouée. — Si vous eussiez été présent, disent-ils, notre frère ne serait pas mort. — C'est moi, dit le Sauveur, qui fais la résurrection et la vie. Avec moi l'on ne meurt pas. Avez-vous cette croyance ? — Oui, Seigneur ; nous savons qu'on doit ressusciter à la fin du monde. — Conduisez-moi au tombeau de votre ami. — Mais, Seigneur, depuis quatre jours enseveli, il entre en putréfaction. — Écoutez-moi, ajoute le Sauveur ; et, sur le lieu du monument, il appelle Lazare qui s'empresse de répondre. Et pour qu'il fût plutôt libre, on le dégage de ses bandelettes. Il est conduit dans sa maison, et profite du repas qu'on offre à Jésus-Christ et à ses Disciples.

Le retentissement de cette œuvre fut un coup mortel pour les antagonistes du Messie, encore qu'ils eussent échoué dans l'interrogatoire de l'aveugle-né. Cette fois, la secousse était plus violente, et l'on n'espérait pas que le temps pût couvrir de son ombre un semblable évènement. Il ne manquait plus rien pour mettre un torrent aux alarmes, que d'assister au triomphe de Jésus-Christ le jour des Rameaux.

Napoléon IV aimera à se rappeler ce jour et l'histoire qui en fait la plus grande célébrité. Il remerciera la Providence de lui avoir donné pour naître l'aurore d'une fête saluée par les prophètes plus de cinq cents ans avant l'évènement; et Zacharie, qui s'occupait activement du Temple au retour de la captivité, qui avait à combattre le relâchement et l'indolence en des temps mauvais, même le mélange polygamique d'épouses idolâtres avec d'autres de la Judée, s'exposant ainsi à la haine des contraventions, et de plusieurs riches délinquants, a dû tomber sous leurs coups et devenir ce personnage, indiqué par Jésus-Christ, qu'on osa massacrer entre le Temple et l'Autel, dans une direction que demandait le plan de l'édifice encore inachevé. L'adversité attaque de préférence les grands hommes; il semble que plus ils sont élevés, plus ils doivent s'attendre à subir ses rigueurs. Ce Prophète n'a pas laissé de peindre le Sauveur à des traits que lui seul pouvait remettre en scène, et tellement caractéristiques que nul autre n'aurait pu les reproduire. Comment réunir à la fois puissance, grandeur, munificence, prodigalité de bienfaits et abstention de richesses; offrir une royauté que ne peuvent assez admirer le Ciel et la terre dans sa douceur et sa pauvreté?

Le baptême du Prince Impérial a demandé de longs préparatifs, un Temple que n'ont pas vu commencer les arbres les plus séculaires; il a fallu une brillante armée, des princes de toutes les nations et les dignitaires ecclésiastiques dans tous les rangs ; il a fallu celui que Jésus-Christ couvre encore de sa gloire, le Pontife de Rome, qui s'associe à cette fête comme tuteur spirituel de l'enfant, et se fait représenter, à cause de son grand âge que le danger des mers aurait pu compromettre. Il a fallu enfin l'enthousiasme d'une capitale telle que Paris, pour renouveler des magnificences aussi splendides et moins implacables que les triomphes de l'ancien Capitole.

Jésus-Christ prépare le sien tout seul ; il admet l'élément jovial des manifestations publiques. Ses troupes, à lui, c'est le peuple, au risque d'en trouver qui feront volte-face dans quelques jours. Il ne laisse pas de réclamer un âne sur lequel il monte, et, au signe de sa volonté, pour l'accompagner à Jérusalem, la foule ouvre sa poitrine par des cris de joie, et fait entendre sur la terre, comme nous le ferons dans le Ciel : « Béni soit celui qui est venu au nom du Seigneur ! Gloire à Dieu au plus haut des Cieux ! » La route du Messie, cette fois, se couvre de feuillage et de vêtements, et l'espace dans les airs porte les cantiques du salut et l'assurance d'associer le Ciel et la terre. Ce jour précieux ne pouvait suffire à la reconnaissance, à l'amour, à la joie, à la confiance maîtresse, cette fois, et de Dieu et des hommes, au-dessus tous pressentiments d'une crainte qui agite toutes les phases de ce monde. La grande cité trouve les cantiques de Sion et de ses Prophètes au-dessous de ses transports ; le Temple devient plus grand que celui de Salomon, et le Dieu et les adorateurs le remplissent dans toute son étendue. Quelques émissaires des prêtres et des Pharisiens arrivent jusques à Jésus-Christ ; ils lui disent : « Pourquoi laissez-vous vos Disciples troubler tout le monde. — « Si je manquais d'applaudissements en ce jour, les pierres elles-mêmes élèveraient la voix, répond le Sauveur. » Il fallut laisser libre le cours des ovations, et célébrer le triomphe d'un roi puissant et pauvre, plein de douceur, qui ne voulait régner que sur les consciences, comme l'avait annoncé Zacharie.

Le règne des princes a aussi besoin de se soumettre

les esprits, non en religion, ce qui n'appartient qu'à Dieu, mais en réciprocité de devoirs qui existent à cause de Dieu; c'est lui qui sépare le bien du mal, les ténèbres de la lumière, sanctionne la vertu, guérit le vice, remet les péchés; c'est à lui qu'il faut l'hysope de l'expiation, le discernement dont nous avons besoin, la persévérance qui couronne l'œuvre. Comment appellerions-nous les choses en bien ou en mal, si ce n'est sous les regards de Dieu qui doit récompenser ou punir? Nos lois, lettres mortes, n'ont d'enjeux qu'avec des témoins, des juges, encore faut-il se surveiller, crainte de surprise; souvent elles sont défectueuses ou partiales, et n'empêchent pas les œuvres les plus mauvaises de passer inaperçues; plusieurs ne se découvrent que par la conduite de la Providence. Nous avons besoin de son aide pour le maintien de l'ordre social.

Quant aux princes, il est juste de reconnaître leurs bonnes intentions, leur droit dans le commandement, la justice dans les sacrifices qu'ils imposent et sans lesquels ils ne peuvent gouverner. Les peuples, lorsqu'ils n'obéissent qu'à la force et à la contrainte, n'aiment pas leur gouvernement, ils laissent les rouages administratifs aller leur train; mais si au mode d'ensemble et de ralliement il survient une crise, une trahison, les esprits indifférents ou mal tournés laissent l'édifice gouvernemental crouler ou se perdre. Un peuple d'énergie se redresse pour conserver des constitutions qu'il aime à respecter et qu'il entoure de son estime, mais il est rare de compter sur la constance et l'amour des peuples; si parfois ils la prouvent énergiquement, lorsque des chefs habiles savent les émouvoir et les porter au dévoûment, si l'amour de la patrie brûle et communique ses ardeurs, il est toujours à craindre qu'on arrive à scinder les partis, à donner une fausse couleur à ce qu'on révérait davantage; alors les scandales se multiplient avec une effrayante légèreté de mœurs et de caractère. Ce qu'on élevait la veille jusqu'aux astres, on le laisse dans l'oubli; tout un pays était à genoux devant un homme capable de gouverner, qu'un événement imprévu vienne troubler l'atmosphère politique, les cent mille voix qu'on entendait pour lui se taisent ou changent les échos.

Le Fils éternel de Dieu a accepté de mourir à la suite d'un semblable revirement. Le premier jour de la grande semaine s'ouvrit pour remercier les Prophètes de n'avoir pas proclamé en vain l'excellence d'un Messie restaurateur. Le Ciel, trouvé fidèle dans ses promesses, les hommes sont des dieux qui vont fraterniser avec *Jehova* et se partager l'éternité toute entière. Que de bonheurs! que de jouissances! que de gloire! c'est à en être accablé. L'on possède l'auteur, le consommateur de la foi; il n'y a plus qu'à le suivre. Sa bonté ne repousse personne, le pardon est le plus généreusement offert, tout le monde peut se placer dans ses bras, et, quand il s'ennuira sur la terre, tous l'accompagneront dans les Cieux. Tel est l'élan que nous avons vu au jour précité. Un point sans plus aurait dû gêner les magnificences d'un zèle général : c'est qu'Isaïe avait dépeint la mort et les derniers moments du Messie, sa résurrection et le mauvais vouloir de ses ennemis. Jésus-Christ, reconnu par tous les Juifs, aurait eu besoin de faire venir Isaïe, de lui montrer son peuple fidèle et lui dire : Je laisse la mort que je me destinais pour eux; elle ne peut venir de mes mains, elle ne vient pas des leurs, c'est à changer cette œuvre pour une autre. Le pélican des déserts, image de l'amour paternel, ne verse son sang à ses petits qu'à défaut de nourriture : moi, je verse mes biens ici et dans le Ciel; je réponds de ceux qui viennent vers moi, je leur ai déjà dit que des flots jailliront de leur sein jusque dans l'éternité.

Le Fils de l'Homme n'eut pas besoin de ces précautions. A peine le Sanhedrin eut appris de Judas qu'il livrerait son maître à une heure où le peuple n'en aurait pas le moindre éveil, et qu'il serait possible de ne rencontrer aucune résistance de la part d'un homme qui s'offrait à mourir, les juges, les religieux de Jérusalem, les zélateurs pharisaïques ou autres, qui se voyaient supplantés par un Messie d'un règne tout spirituel, eux qui auraient voulu d'un conquérant à la façon des Césars, fatigués par des dogmes nouveaux et des devoirs de conscience, eux qui n'avaient de bien remarquable que l'apanage honorifique de leur grade, ne manquent pas d'écouter des ouvertures de la bouche d'un traître. Judas, sans doute, en trahissant son maître, avait l'idée de tromper les autres ; il connaissait, mieux que personne, les ressources de Jésus-Christ, et, voulant le mettre aux armes contre ses ennemis, il espérait de ce spectacle une solution à son goût ; il n'avait pas compté échapper aux regards du thomaturge, et recevait avec indifférence les remontrances les plus sévères. Au colloque de la trahison, chaque rôle jouait sa bonne fortune en remerciant l'occasion. Trente deniers d'argent offerts et acceptés avec empressement, témoignent de la vente quasi juridique du sang humain, et d'une sommation sérieuse de ne pas manquer de parole. Quel que soit le jour qui reçut le contrat, Jésus-Christ, depuis son triomphe, rentre dans cette abstention d'œuvres publiques qui le laisse tout occupé de ses Disciples.

Au jeudi de la grande semaine, il rentre à Jérusalem sans se préoccuper de la facilité qu'il prépare à ses envieux : c'est la Pâque qu'il fait dans l'intention de se substituer à l'agneau de Moïse. Il a désiré cette fête nationale et religieuse, voulant partout mettre en harmonie les devoirs patriotiques et la science qui honore Dieu. Il commence par régaler ses convives dans un large et généreux festin ; s'il l'interrompt un moment, il est à l'œuvre de la charité et de l'humilité, voulant, par une condescendance remarquable, laver les pieds des Apôtres et recommander de rendre les services les plus obscurs à ceux qui en ont besoin sans exception de personne. Rendus à leur place de convives, les Apôtres écoutent les discours les plus graves, Judas les menaces les plus amères, et puis le repos de l'esprit entre dans ces paroles mémorables : « Voilà mon corps que je donne à manger, et, ensuite, voilà mon sang que je vous donne en breuvage ; je le pratique le premier pour que vous le renouvelicz en mémoire de moi. » Il n'y a que des paroles à appliquer au pain et au vin ; l'appréciation et le sacrifice du corps sacré sont laissés à la puissance de celui qui seul les connaît et nous les donne, en signe d'amitié, pour nous prévenir du festin éternel qu'il nous prépare, et nous comprendre ou nous réunir dans un testament qu'un Homme-Dieu pouvait seul dicter.

C'est ainsi que nous sommes revêtus de Jésus-Christ ; nous devenons ses membres, nous formons un tout avec lui ; sous sa présidence et sa conduite, une nouvelle vie nous est communiquée ; en goûtant le don de Dieu, nous entrons dans ses trésors pour lui envoyer nos désirs et nos aspirations, entretenir des rapports avec lui. Cette hospitalité réciproque ne coûte ni chagrins, ni ennuis, elle n'empêche pas l'attention la plus soutenue, quel que soit le genre de notre expérimentation, et peut-être des égarements de convoitise ou de faiblesse nuisent moins à notre salut que l'oubli de notre discipulat ou de notre confiance envers le Christ.

L'on ne saurait trop rappeler la terrible journée du Vendredi-Saint, qui commence à l'agonie du Sauveur au jardin des Olives, lorsque une sueur de sang et d'eau s'échappe de ses membres et arrose la terre autour de lui. Son âme, triste jusqu'à la mort, s'ouvre à toutes les douleurs de l'humanité en ce monde et dans l'autre, déplore l'affreux partage des démons et des damnés, la gloire et l'amour que tant de créatures enlèvent à Dieu, qui est charité en lui-même et dans sa vitalité éternelle. Quoique ses plans soient admirables à ses propres yeux et se reproduisent dans ses attributs et dans l'excellence de la liberté, Dieu, qui ne peut s'ouvrir à la haine, sorte de faiblesse et d'impuissance, souffre de voir des malheureux et des coupables, et, s'il n'est pas impossible d'hésiter un instant sur l'éternité absolue de l'Enfer qui ressort malheureusement du vouloir constant des damnés, je ne douterais pas que l'agonie de Jésus-Christ n'eût arrêté la date des crimes et des malheurs. Il ne voulut pourtant pas obtenir, encore qu'il le demande avec un cœur brisé, le transfert de son calice qu'il commençait de boire et que son père lui conseille d'avaler jusqu'à la lie.

L'arrivée de Judas et de ses émissaires, que l'on a armé de glaives et de bâtons pour capturer un homme qui les attend et qui prie pour eux, le baiser d'un misérable sur les joues du Sauveur, ne sont pas moins étonnants que la bouche qui s'ouvre pour donner le nom d'ami au plus insensé et au plus perfide des hommes. Qu'une fois garotté, Jésus-Christ soit poussé, meurtri, injurié, jeté dans le gué du Cédron, emmené de nuit chez Anne et chez Caïphe, mis en spectacle aux acolytes des prêtres, renié par saint Pierre, adressé d'une magistrature à l'autre, les cœurs les plus sensibles lui renvoient de la pitié, ou, traversant ses miracles, suspectent la ruse, le hasard, et, toute une journée accusé, bafoué, déchiré, mis à l'encan, traité de fou, brutalisé, moqué dans son titre de Roi et de Dieu, condamné comme blasphémateur, comme suspect au gouvernement de Cœsar, chargé d'une croix, n'en pouvant plus après tant d'assauts, colère, envie, vengeance déversées contre lui, sa place entre deux voleurs répond à Isaïe et *cum iniquis reputatus est*.

Plus fort dans la mort qu'au milieu de ses amis, Jésus-Christ fait respecter son trépas ; au tremblement du Calvaire, à l'éclipse du soleil, pendant près de trois heures en pleine lune de mars, au voile du Temple qui se déchire, aux morts qui ressuscitent, les échos répondent qu'on a travaillé envain pour arrêter une nouvelle religion. Les soldats n'osent briser les jambes du grand crucifié ; pour remplacer sans doute la loi qui ordonne cette opération, l'un d'eux jette sa lance dans la côte du Sauveur et en exprime du sang et de l'eau ; il ne veut pas tuer un homme mort, mais il veut répondre que, n'osant le traiter comme les autres, il l'a percé de son arme. Expédient ou précaution peu nécessaires, ils ont servi aux idées mystiques des commentateurs. Dans la soirée d'un pareil jour, Joseph d'Arimathie, personnage important et disciple sincère, mais qui ne veut pas se produire à cause

d'une multitude de rapports avec les principaux de Jérusalem, vient cette fois réclamer le corps de son maître
et lui destiner le Sépulcre qu'il se préparait.

Quant à l'âme du Sauveur, accompagnée du bon lar-
ron, elle va parler aux anciens morts depuis l'origine des
siècles, les informer des temps qui s'accomplissent, répandre sur elles une vive lumière, les dégager de leurs
barrières et leur dire de s'apprêter pour l'accompagner
dans peu de temps, après qu'elle aura ressuscité son
corps et disposé ses moments pour aller au Ciel.

La résurrection de Jésus-Christ au troisième jour rallie
à peine ses Disciples en déroute ; plusieurs manifestations font connaître la certitude des évènements et ren-
dent plus sensible ce qu'on avait dit tant de fois touchant
une mort qui devait guérir les nôtres, nous encourager
et nous décider à passer ce Rubicon ténébreux qui entre-
tient nos alarmes, mais ne peut arrêter nos espérances.
J'aime plutôt affronter l'espace immense, si bien peuplé
tous les jours, et porter le langage de la foi aux morts
qui ne manqueront pas de répondre et d'entrer en rapport entre les nouveaux venus. Si notre petit globe a tant
d'actions par-delà ses limites, les mondes que nous ne
voyons pas peuvent-ils rester silencieux et vides ? D'où
serait sortie la cause des choses qui n'a pas sa force ici-
bas, ni les raisons de son origine, et l'esprit si hardi, si
entreprenant, si vaste, qui pourrait dénaturer son activité, son intelligence, ses désirs indépendants de quelques
organes qui s'usent ? Il est bien plus raisonnable de continuer toujours dans l'élément de la pensée, qu'on sait à
peine si le sommeil l'interrompt, pas plus qu'on ne sait
à quoi lui sert notre organisme et quel est le jeu de ses
rapports. Si par cas en phrénologie l'on trouve des caractères ou tempéraments voisins des crimes, peut-on
expliquer que cette forme arrive au suicide, à l'exaspé-
ration, au feu, au meurtre, à l'impiété, sans songer à
l'énergie du vouloir et à l'accent mental qui a pu plutôt
déterminer les formes que d'être façonnés par celles-ci ?
La matière en rond, en carré, ou oblique, qu'a-t-elle

d'approprié à la justice ou à l'iniquité? C'est plutôt dans les illusions de l'esprit qu'on se perd, et dans les sentiments qu'on se retrouve. Ceux donc qui peuvent tuer le corps s'arrêtent devant un cadavre ; mais il y avait quelque chose de plus dans cet homme de quarante ou cinquante ans, il pensait, supputait, inventait, étudiait, calculait, appréciait dans un genre à lui spécial, prophétisait quelquefois; ce que vos pauvres regards apercevaient chez lui ne vous rendaient pas compte de tout son être, vous ne saviez jamais quels étaient les replis de sa conscience, lui-même ne pouvait venir à bout de se connaître ni de s'assurer pour toujours ses déterminations. N'est-il pas juste de chercher celui qui n'avait besoin de rien apprendre, qui, à la vie, à la mort, à la résurrection, lève tous vos doutes, toutes vos incertitudes, et verse avec profusion ses miséricordes? Le monde fut toujours bien malade, mais son entêtement est pire que la folie s'il refuse les secours du grand médecin.

Voilà pourquoi Napoléon IV a été adressé de bonne heure à Jésus-Christ ; voilà la boussole qu'on place dans ses mains. Tant qu'elles ignoreront l'emploi qu'il doit en faire, elle y pourvoira ; quand le Prince sera en état de la connaître, elle demande ses respects, sa confiance, son amour ; elle veut l'aider dans la traverse des mers orageuses ; puissante toujours, elle le mettra à l'abri des orages, quand il lui plaît ; rassurante toujours, elle fait éclater un jour nouveau après les ténèbres de la terre.

Si un jour Napoléon IV veut porter ses examens sur l'étendue de la foi, il trouvera la sienne dans un état de perpétuité depuis Adam jusqu'à lui : Je parle du substantiel de la chose et non des arrangements politiques ou législatifs; je parle de Jésus-Christ, connu avant de naître, attendu, invoqué, figuré d'une manière frappante depuis Abel, Jacob, Josué, Abraham; prévu dans les constitutions et l'enseignement général ; sa carrière, que nous avons présentée à la hâte, s'arrange avec ce qu'on a dit de lui, et, quelque difficile qu'il soit de remplir son rôle prophétique, il y arrive et se l'ajuste de manière à ne plus laisser à aucun autre la possibilité de le réclamer. *Habent Moïsen et Prophetas audiant illos.* Cette religion, ainsi majestueuse et connue dans tous les temps, si bien renouvelée et perfectionnée par son chef, luttant à travers les âges de la vie, contre des ennemis de toute espèce, nous donnant un Dieu comme nous en avons besoin, une fin désirable et réclamée de tous, exempte de toute fabrication humaine, abordant des mystères toujours enchaînés les uns aux autres. La situation en Dieu plus ample, plus riche, plus étendue, plus merveilleuse, plus complète qu'en aucune autre conjecture possible, par rapport à nous, une Providence toujours attentive et souvent réveillée par de terribles dispositions dont la terre n'avait aucune prévoyance; enfin, un Dieu qui se fait recevoir dans notre nature, entre dans notre langage et nos mœurs essentielles autant qu'il le faut pour nous instruire, place ses jalons d'une manière qu'il n'est plus possible de les ignorer, envoie comme ambassadeurs quelques hommes nuls par leur position, dans un rang éloigné de toute science, de toute aptitude pour les grandes entreprises, remarquables surtout par leur pauvreté et leurs pouvoirs inoffensifs. Un seul quitte le rôle de persécuteur pour celui d'apologiste, et ne se dissimule pas ce qu'il lui en coûte; il est vraiment savant et admirable, mais les embûches, les prisons, les cabales, les soulèvements en masse, les trahisons, tombent sur chaque journée de sa vie, et la mort qu'il cherche et dont il se réjouit, le livre enfin au glaive de Néron; il a eu bien des succès, parcouru bien des pays, enrôlé sous sa doctrine des peuples entiers; que lui en revient-il de se regarder comme le plus misérable des hommes, s'il n'avait d'autres espérances que celles de ce monde? Pour le même fait et cause plusieurs l'imitent et le précèdent ou le suivent dans une carrière de fatigues, de sueurs et de combats perpétuels; ils ont sur leurs bras toutes les conjurations, tous les glaives, toutes les lois, toutes les habitudes de l'idolâtrie et l'émulation des Césars, qui ne veulent pas laisser tomber des dieux olympiques pas plus que leur

Jupiter qui, disent-ils, leur a fait vaincre toutes les nations. Au milieu de ses éléments destructeurs. leur cause
arrive, grandit, se mesure avec toutes les sciences, tous
les préjugés, tous les prestiges, change la face du monde
et menace encore ses contempteurs et enhardit ses pro-
sélytes. Jamais on n'a pu leur dire : Vous avez voulu nous
tromper, ou telle autre croyance est mieux prouvée et
plus sérieuse que la vôtre. Si ce n'est pas là le doigt de
Dieu, où le trouverons-nous donc? Nulle part assurément
si ce n'est par Jésus-Christ.

Je n'hésite pas à dire au Prince Impérial que si jamais
il veut porter ses examens sur la plaie des religions faites
par les hommes, pour ne pas trop les mépriser, je lui
conseille de revêtir l'armure de Napoléon-le-Grand et
d'avoir en présence le tableau de ses guerres, de ses con-
quêtes, de ses vastes idées. En beaucoup d'endroits, les
hommes sont malheureux ou coupables; mais ici, c'est
impardonnable de voir, aux temps anciens et modernes,
leurs pitoyables inventions pour s'appatroner avec Dieu.
Encore que la substance religieuse soit partout la même,
dans l'idée primitive d'une autre vie et dans l'aspect
d'une puissance qui gouverne les hommes, choses sans
lesquelles on ne peut marcher en religion, et avec quoi,
je pense, qu'on a toujours pu, avec des vertus, se rendre
accessible à notre Père qui est dans les Cieux.

L'affreuse profanation des meilleurs principes a conduit sur les routes de la terre, sous les noms les plus
vulgarisés et les plus célèbres, des Jupiter sous toutes
les formes, ensuite des idoles sans nombre, des marion-
nettes divines; on se mit à les pourchasser dans les astres,
dans les puits, les fontaines, les bosquets, les bornes au
moyen du dieu Terme; on les scandalise ou, plutôt, ils
viennent à nos orgies, pilleries, vagabondages, sorcelle-
ries, généalogies, nos maîtres en impudicités, vengeances,
sacriléges, tantôt battants. quelquefois battus ou estro-
piés, implantés dans les jardins, les fleurs, les feuilles,
les fruits ; d'autres, l'encensoir à la main, suivent les
crocodilles. Voilà, avec le génie des anciens. de super-

bes romans qui, aujourd'hui, parcourront le monde po r nous amuser. Autrefois, ils étaient remplis de dieux. La pauvre Chine, que n'a-t-elle pas de curieux, et sous quel aspect reçoit-elle ses divinités? Un marchand de cette terre si bien dotée de la nature affiche, l'an dernier, en ses ateliers publics, qu'il fabrique toute espèce de dieux connus dans son pays.

En réduisant le mahométisme à la condition du déisme, c'est bien l'emploi le plus honorable qu'on puisse lui faire. L'inspiration du prophète et son glaive de force armée, sont un peu trop charnels pour ne pas appartenir à la chance qui invoque les combats, à la force brutale qui fait de la raison du plus fort la meilleure de toutes; mais alors la conscience disparaît, il faut se taire ou se battre et ne plus raisonner.

Quant au déisme, il faut s'arrêter dès le premier pas si vous avouez que c'est un pur homme et de son propre fonds qu'il dogmatise. Comme tout homme peut se tromper, par où veut-il m'imposer sa croyance? Il ne sera jamais le seul dans les sciences, les expériences, les examens, les études; d'autres, autant que lui, entreront dans la lice; au résultat de leur combinaison, verrons-nous les mêmes rapports? Les idolâtres furent déistes avant de pulluler en divinités. Les déistes ne vont-ils pas bigarrer leur système? N'est-ce pas même de nos jours, pour travailler au concours déiste, qu'on voit panthéisme, ecclecticisme, dualisme, scepticisme, etc.? Que peut-on fixer avec un fatras? L'homme conjecture. Dieu est une lumière dont lui seul peut nous destiner quelque reflets, et, après sa parole donnée et sanctionnée par Jésus-Christ, il n'y a plus à remuer nos interminables débats.

Nous ne suivrons pas, dans l'atmosphère des libres penseurs, les nuages errants sur des traces fugitives, hasardées, et toujours restreintes aux limites des doctrinaires. Du moment qu'ils ne savent pas connaître Jésus-Christ, ces nouveaux Messies sans échos dans le passé ni dans l'avenir, au thême de leur fabrique qu'ils ont ajusté dans le doute, façonné de leur mieux, brillanté

avec des airs nouveaux et presque toujours forcés de
tomber dans la nuit de l'oubli et de l'insouciance, ils se
lèvent pour endormir les paresseux, amuser les libertins
et sourire à l'incrédulité qui aime, aujourd'hui, à se per-
suader elle-même, à se répandre chez les autres, et, souvent le propagateur, avec son ton de philosophie, ne s'y
fie pas lui-même ; s'il invite à ses noces toute la terre et se
plaît à l'ivresse de ses convives, pour son compte il les
méprise en s'en glorifiant. Qui croira jamais qu'un homme
en ses investigations n'a plus rien à apprendre et garan-
tira, sans accidents d'erreurs, sa conscience et la vôtre?

Panthéisme, dit-on, fait un Dieu de tous les êtres, et
tous les êtres forment ce Dieu. Un peu d'un côté, un peu
de l'autre, en plus, en moins, tantôt bien, tantôt mal,
tout lui devient de la même manière et forcément sans
qu'il ait à se plaindre. Quand Dieu était seul, si alors un
panthéiste eût parcouru toute la divinité, en s'effaçant
lui-même, il aurait pu dire : L'ensemble de l'existence,
c'est Dieu. Aujourd'hui, le suprême Seigneur ne veut pas
se confondre avec ses œuvres ni celles des autres ; il
mourrait tous les jours et ne gagnerait pas à d'autres
naissances. Spinosa n'offre pas de ressusciter. En méta-
physique, l'on oppose l'étendue à la pensée qui est indes-
criptible, et dont l'action n'a pas de bornes connues.
Dans ces éléments divers, pour celui qui veut les natu-
raliser de même, l'on se plonge dans un cahos où tout
manque, sous prétexte que tout y est. Bayle, fort nuageux pour son compte, ne voulut pas mordre au panthéisme. Admettre en fusion le moral et le physique au
même jeu, même nature et destination, c'est contrevenir
à l'essence des choses, fermer les yeux pour y voir plus
clair, sous prétexte que nous faisons partie d'un autre
qui doit regarder à notre place les parties solidaires pour
le tout, le tout solidaire pour les parties. Qu'y a-t-il à
faire ? Se mouvoir machinalement ou se reposer de même.
Aide-toi, disons-nous plutôt, et le Ciel t'aidera dans l'in-
suffisance de tes forces, et après ta prière, à moins que
ce ne soit ton tour de souffrir et de mourir, car la route
pour chacun de nous n'est pas longue.

Ecclecticisme : c'est une affaire d'élection. Prendre en tous lieux et dans toutes les thèses le plus vraisemblable, suivre son goût ou se faire le centre de tout ce qui nous convient le mieux , ce n'est pas chercher impartialement ce qui est vrai, le plus fort eu preuves, en résultats; c'est délibérer à sa manière, tant pis pour qui n'est pas content. Alors, il ne faut plus de lois ni de religion révélée, du moment que je suis maître de croire et de faire ce qui me plaît. Les Arabes, les pirates voleurs doivent trouver mauvais qu'on s'ingénie à leur faire la chasse. Ne dites pas pratique et spéculation ne sont pas de même ! Si j'ai le droit de croire à ma manière, j'ai bien celui d'agir aussi, et si vous m'arrêtez, ce n'est pas justice, c'est violence et déclaration de guerre. Le droit de croire ne peut pas être nul et sans rapport; c'est même plus, c'est qu'on ne doit jamais agir qu'en se conformant à sa croyance. Au lieu d'arriver à l'unanimité qui, je crois, n'est pas de ce monde, l'ecclecticisme ouvre carrière aux disparates les plus étendues; il finit par donner gain de cause au plus fort. L'ecclectique, faible dans son choix, est le plus mal avisé. En un sens, l'homme doit choisir, même en matière de religion, un autre ne peut pas lui être substitué ; mais les plus fortes preuves et la justice de la cause doivent l'emporter ; dans cet examen , Dieu nous jugera; il a défendu les jugements téméraires qui le sont souvent au sujet des consciences. Aussi, nous ne disons à personne : Croyez-moi, quand même, mon enseignement ne vous conviendrait que comme une erreur. Disons lui : Défiez-vous de vous-même, cherchez, consultez, priez Dieu qu'il vous aide, car il est question de vous pour ce monde et dans l'autre.

Dualisme : Je m'étonne que cette erreur n'ait pas dans les sciences, je dirai même chez les peuples, un retentissement plus étendu ; partout l'on trouve *omnia duplicia unum contra unum* ; partout Dieu ou le diable, Arimane ou Orozman, vice ou vertu, qualité ou défaut, et souvent chez les mêmes êtres. Cette persistance s'est inoculée dans notre nature, elle figure en tous lieux et dans

tous nos rapports, entre nous, avec les éléments, les astres, nos usages, nos mœurs, nos religions même, et Jésus-Christ, le seul qui remplisse toutes les perfections,
est encore traduit diversement parce qu'il se transmet
dans nos sciences et que nous sommes décidés à nous
disputer toujours. Il y a donc à reconnaître, de prime
abord, source de bien, source du mal, et, comme dans
l'une et l'autre, intelligence et activité. N'est-on pas conduit à remonter à deux principes qui se font une guerre
acharnée ? Le meilleur temps est celui où ils se patien-
tent davantage. Nous sommes nous-mêmes, en plus, en
moins, des transfuges habitués au passage d'un camp à
l'autre. Nous n'avons besoin que de nous regarder de
près, pour convenir de cette situation. D'autre part, la
science a compris que ce serait défigurer Dieu de lui
laisser un rival aussi grand que lui, et un lutteur sempi-
ternel affrontant tous les hasards, insatiable de dépouilles,
et aussi riche de destruction que l'autre, dans la fécon-
dité de ses ressources. S'il leur arrive de s'ennuyer à la
bataille où nous ne sommes que des dupes misérables, et
qu'ils se saisissent entre eux, gare au globe, à l'univers,
à toutes les existences ; elles seront bientôt disparues,
encore qu'ils laissent l'espace pour se mesurer entre eux
et se battre à outrance. Les idées de Moïse et de Jésus-
Christ nous ont préservé de ces alternatives funestes.
Elles nous représentent les diables comme des êtres dé-
chus, qui ne peuvent nuire que dans la mesure de notre
assentiment à leurs suggestion, et dans celle des pouvoirs
qu'on leur a laissés. Plus grande toutefois que nous ne
le pensons d'ordinaire, une sorte d'abandon dans plusieurs individus de notre espèce ne prouve pas que nous
soyons bien précieux devant Dieu ; il a fallu Jésus-Christ
pour nous relever. Enfin notre rôle, pauvre, tient aussi
à un état de décadence où il faut remonter pour trouver
la source de nos errements. Toutes choses reviendront
dans l'ordre et à leur place de destination, parce que
Dieu est tout puissant, et sans l'impitoyable péché ori-
ginel, je ne vois pas qu'on puisse raisonner touchant Dieu

et nous-mêmes. Dans ce monde, il faut toujours partir d'un lieu pour arriver dans un autre.

Scepticisme : doute, vague, irrésolution, un peut-être immense et continuel; il est contre nature, il peut provenir de ce que, en spéculation restreinte en nous-même, nous ne pouvons prouver, par voie scientifique, notre propre existence. *Félix qui potuit rerum cognoscere causas;* personne, parmi les hommes, ne fut ce *felix*. Pour nous prouver à nous-mêmes notre existence, il faut prouver Dieu, le pourquoi, le comment il nous a fait, et quel sera notre avenir; la thèse va plus loin que le parcours laissé à l'intelligence humaine. Dans le fatalisme, on disputait sur le mouvement et l'impossibilité de le prouver; on se lève et l'on se promène : a-t-on bien prouvé les mouvements? Pas trop, car le fait est bien ce qui nous détermine et ce qu'il faut croire, à moins d'être sceptique; mais il ne transmet pas la science, les moyens, les ressorts, le pourquoi, la solution de toutes les difficultés. Le fameux *tradidit mundum disputationi eorum* revient sans cesse à l'encontre du scepticisme, qui devrait s'étendre à tous les actes de la vie, nous étioler, nous rendre fous. Quelques philosophes, qui veulent passer leur temps comme ils peuvent, le déversent sur les sciences religieuses; ils font comme des gens qui veulent voyager et qui soutiennent qu'il est fort douteux de trouver une route. Car, si Dieu nous manque, et que la chaleur (encore qu'elle soit gratuitement accordée), l'humidité, la végétation ne puisse pas produire des hommes, il est à croire qu'ils n'existèrent jamais, pas plus aujourdhui qu'autrefois. Le scepticisme dans la foi est une incrédulité où arrivent tous les systèmes de philosophie imaginaire. La foi, sans doute, ne voit pas, mais elle juge sur des appréciations qui lui paraissent certaines, et qui le sont en effet; elle juge de la réalité d'une telle science, d'une doctrine la plus importante qui fut jamais. Elle croit, elle attend, elle aime sa destination et voyage pour y arriver. Les consolations offertes sont pour elle du plus grand prix, et elle abandonne toute autre chose pour se les assurer. Que voulez-vous qu'elle fasse de l'athéisme, où tout est en demeure de néant et dénégation formelle de l'esprit dont nous faisons un si vaste emploi ? *Desolatione desolata est terra, quia nullus est qui recogitet corde:* La grande désolation de ce monde est le défaut de réflexion et de charité.

Socinianisme, arianisme, c'est la même secte : on veut reprendre, arranger, corriger la révélation ; on se méfie de Dieu, on le passe à l'étamine, et lorsque chacun a choisi sa part, il n'en reste pas du tout. Vous voulez de la Bible, de l'Évangile, mais à condition de l'épurer, de le restreindre, de l'étouffer dans vos raisonnements. Vous voulez en être les maîtres, et c'est de l'ecclectiscime ! Chez l'un, Jésus-Christ est Prophète; chez l'autre, il est un peu Dieu; ailleurs, il n'est plus rien qu'un fanatique qu'on a bien fait de tuer et qui eut tort de ressusciter. Il vaut antant laisser la Bible, l'Énéide et l'Illiade sur le même pied, que de lui réserver un révérentiel d'où, en sortant, elle n'est pas bonne pour l'Enfer. Absoute de ses miracles, de ses prophéties, de sa révélation, sans Dieu, sans esprit, sans enseignements, la Bible de Voltaire, de Socin, de Servet Michel, etc., à quoi sert-elle? Il vaut autant dire que l'Énéide, fabriquée par le P. Ardouin, ne le fut qu'en dérision des Romains et des dieux de l'Olympe. On ne peut comprendre un livre que dans la pensée générale qui le domine ; elle doit surnager à tous les orages et porter au port ce qu'elle a pris sur la route, pour le rendre à destination. Lui opposer des articles ou des phrases de circonstances relatives aux lieux ou aux personnes, et qui ne ressemblent pas à l'entrain général, c'est vouloir substituer une idée mal prise ou mal rendue à l'ensemble des doctrines ; c'est soutenir qu'une pierre dont on ne voit pas la place, lorsqu'elle tombe d'un édifice, prouve que le monument ne fut jamais élevé. La Bible nous donne Dieu dans l'Ancien Testament, nous le continue dans le Nouveau ; c'est toujours le même fait, hors de lui, les autres essais démontrent une complète impuissance.

Si un jour Napoléon IV rencontre des hommes qui lui disent : Ne soyez pas superstitieux ; voyez les religions se battre entre elles, et leurs ministres s'égarer dans la haine et l'intrigue, et les méthodes exclusives ; jetez par terre toutes les croyances, vous serez plus libre, plus heureux, plus en harmonie avec votre position ! N'aimera-t-il pas à leur répondre : Voulez-vous me convaincre que vous savez toutes choses, me montrer à découvert toutes les phases de notre existence? Êtes-vous sûr que les croyances religieuses sont un jeu du hasard ? et encore, sous cet aspect, faudrait-il s'arrêter de bonne heure et les respecter. Quelqu'un peut-il, au sujet de Dieu, me garantir qu'il n'existe pas, que je n'eus jamais de devoirs à remplir et que je serais tout aussi bien avisé de me fier à un traître, à un voleur qui ne croit à rien, qu'à un homme honnête et religieux? Où voulez-vous que je prenne de la probité? où la chercher? chez un incrédule? Mais il est sot s'il ne me trompe pas pour son profit; la préférence est personnelle ou insidieuse. Il est donc nécessaire, il est de rigueur que je reconnaisse des devoirs et que j'aime à les remplir, comme j'ai besoin que les autres remplissent aussi leur tâche à l'égard de mon gouvernement. Sans Dieu, où voyez-vous qu'il y ait lieu à reconnaître conscience, vertu, honneur. Il y a des hypocrites en religion comme ailleurs ; mais ceux qui sèment la dégradation et des doctrines brutales, que veulent-ils recueillir? L'on est souvent obligé de prendre l'homme et de le juger sur sa parole et ses œuvres. L'harmonie de la foi, c'est la justice envers tous et la prière envers Dieu. L'écho de l'incrédule est toujours affreux ; on place dans sa tête l'instinct des bêtes ; celui de la vipère et du tigre n'est amusant nulle part. Allez demander aux impies s'ils sont de bonnes ou de mauvaises bêtes? L'histoire vous répondra. Je ne puis pas, quoi que je fasse, être partout, rendre justice à tous; mes meilleurs serviteurs ne me seront pas toujours connus, je désire que leur louable conduite obtienne, ailleurs que dans ce monde, une rémunération généreuse : voulez-vous m'enlever cet espoir et cette consolation? Ensuite, cette latitude ou licence que vous me prêchez, où me conduira-t-elle? Sans foi, sans freins, sans principes, je crains de devenir un être furieux, ne pouvant me rassasier nulle part; je deviendrais insupportable à moi-même. Il y a eu de grands hommes, tous ont joint la modération au courage, ou ont échoué de bonne heure. J'aime mieux m'instruire, rendre justice, porter au bien-être général toutes les volontés, arrêter les écarts, et moi-même donner l'exemple. Pour ma religion, j'en ai une depuis mon baptême. Si j'étais infidèle à mes premiers engagements, quelle impression me feraient les autres? quel Dieu voudrait me recevoir? Voulez-vous, pour me faire échanger Jésus-Christ, me présenter un nouveau monde, un autre Adam, une autre Bible, un autre Sauveur comme le mien, comme celui de la France et de ma famille? Voulez-vous visiter l'intérieur de chaque étoile, et, hardi voyageur, observer s'il y a ailleurs, comme ici, un Dieu, un régénérateur, une promesse, une sanction à notre alliance avec le Seigneur? Avant ce voyage, vous serez mort. Avant de m'arroser d'athéisme, prenez garde que quelqu'un ne vienne vous calomnier et m'engager à me défaire de vous; vous savez que Voltaire craignait le pilon des rois ses corréligionnaires, et que mon cousin le roi de Prusse le regala, en sa qualité de philosophe, d'une dure bastonade. Quand, par grandeur de caractère, je ne voudrais pas m'abaisser à cette fantaisie, il m'importe sans doute beaucoup de tenir à mon rang dans ce monde; mais je ne veux pas partir non plus pour l'autre sans avoir écrit dans mon cœur les désirs d'un chrétien et accepté, sous les auspices de Jésus-Christ, le salut qui m'est offert.

Napoléon IV trouvera encore un puissant motif de religion dans la conduite de Napoléon-le-Grand. En France, la révolution de 89, à force de pousser au libéralisme sans bornes, quoiqu'elle abolit des abus graves et invétérés, lancée dans une guerre civile et étrangère, se trouvant aux mains des partis, et ceux-ci, pour la plus grande part, formés d'hommes ambitieux et sanguinaires,

sans conscience et sans humanité, l'égorgement à l'inté-
térieur passe pour un ordre du jour obligé. C'était une
arène de mort, les uns aujourd'hui, à demain les autres.
En voulant révolutionner de la sorte, sur ces tas du dé-
sordre et du désintéressement, un nombre incalculable
d'honnêtes gens succombèrent, et puis, les dépouilles ve-
nant à éguiser la convoitise d'hommes sans cœur, la
cruauté leur servant de piédestal pour la domination, les
uns effacés par les autres, les nuances des partis se ren-
dent suspectes. Il fallut s'égorger entre eux ; le sang cou-
lait de toutes parts, et la France, inondée, devint la pâ-
ture de la mort et des guillotines. La religion eût crié
miséricorde, elle fut chassée, persécutée, mutilée, ren-
versée dans ses monuments et son culte, livrée à l'exil,
aux prisons, à l'échafaud. Repoussée par les frénétiques
d'alors, elle se retire aux fond des cœurs sans oser gémir;
à ses moindres accents, l'on organisait contre elle et sous
tous prétextes, des poursuites, des bourreaux, des noya-
des, des mitraillades.

Un grand général avait prêté l'appui de son génie et
de sa bravoure ; pour sauver la France contre l'invasion,
la force de son bras et de ses talents, sentis partout, jet-
tent un reflet de gloire sur sa patrie mourante et déses-
pérée ; on a beau l'employer aux plus dures épreuves,
partout il est vainqueur. Ses campagnes d'Italie restent
les plus mémorables de l'époque, et l'Egypte voit un conquérant français. Les fureurs républicaines craignent les
suites d'une si grande gloire ; lui, imposant par ses vic-
toires et plus encore par l'étendue de son génie, arrive à
faire taire les bourrasques des meurtres et des échafauds,
donne une constitution à l'Etat, et comme il sait que religion n'est pas un vain mot, que ceux qui affichent l'a-
théisme n'y croient pas, ou, positivement, ne peuvent
s'assurer un si triste partage, comme il juge de l'homme
à la hauteur des exploits qu'il a fait produire à son armée, il veut être juste envers Dieu et envers ses semblables ; il rétablit le culte, le protége, ronvre les églises,
recommande la prière et la demande comme une béné-

diction à ses armes. Longtemps son nom, prôné dans nos temples, se mêlait à nos solennités, à nos vœux, à nos chants de triomphe, et l'Eglise et l'Armée brûlaient pour lui le même encens. Si, plus tard, des splendeurs gouvernementales lui firent oublier des considérations religieuses, lorsque les astres commencent à s'éclipser, il y a toujours quelque chose de malencontreux. Les grands hommes, plus que les autres, sont exposés aux reprises de l'adversité et plus dignes d'en supporter les rigueurs. L'Europe n'oubliera jamais ses statuts militaires, ni la France l'empire de Charlemagne, qui ne put tomber qu'avec lui.

Pour les grands hommes, comme pour tout le monde, la foi dilate les cœurs. Environnée d'un Dieu qu'elle contemple dans sa majesté et sa puissance, avec lui elle joue au milieu d'une infinité d'astres, de cieux, de globes qu'elle parcourt comme pour les orner et les habiter ; elle se flatte qu'un jour sa voix sera entendue de tous les êtres, et qu'alors elle commandera aux soleils qui existent par milliers, et comme pour Josué, ils effaceront leur lumière, ou la rendront plus resplendissante. Aujourd'hui, l'homme s'approprie une royauté pauvre et mercantile, ses sujets sont des animaux dont moitié lui résiste ; vers les autres sourds, l'ours n'a pas peur des passants. La Foi croit qu'il lui plaira un jour de voyager pour ses plaisirs, de secouer la chevelure des étoiles et d'en répandre les rayons, comme autant d'arcs-en-ciel, toujours renouvelés, toujours plus beaux. Si c'est au jeu de paume qu'on lance la balle pour la rattraper encore, les Saints, en des espaces infinis, prendront des mondes entiers pour les heurter, les précipiter, les rouler, les maîtriser à leur gré. Nous avons de vastes mers, des océans qui se promènent en des plaines inconnues ; qui empêchera leurs ondes de s'élever pour nos plaisirs en des pyramides audacieuses, et de plonger, des plus grandes hauteurs, leurs cascades mugissantes ? Les fleuves se débordent aujourd'hui pour le ravage, pourquoi ne remplacent-ils pas les fleurs et les prairies par de plus belles perspectives? Les falaises de nos côtes, à quoi tient-il qu'elles ne soient or et diamants, avec des arbres en fleurs et en fruits, et une vie sempiternelle? La Foi s'attend au revoir de ces magnificences.

Ainsi le comprenait Moïse, luttant contre Pharaon et la mer Rouge, contre les déserts et ses ennemis. Dans sa visite vers le Seigneur, la montagne de Sinaï se transforme en un volcan nuageux et brillant où se tracent, sur des tables de pierre, les plus saints commandements. Après lui, Josué, Barac, Gédéon, Élie, Élisée, tantôt commandent à la mort, aux précipices, au feu du Ciel, forment la pluie, la rosée, s'élèvent dans les airs ou y découvrent des anges dont la multitude s'apprête à se mêler à nos débats.

Ce qui intéresse davantage le bonheur des Saints, c'est la face de Dieu contemplée dans sa majesté la plus intime. Si ailleurs il y a éparpillement de sa gloire, c'est en lui-même que nos intelligences s'agrandissent et s'épurent. Quel langage avec le Père Éternel! Quel tableau que celui de ses desseins! Que faisait-il dans l'éternité qui le sépare de ses mondes, son repos, ses conseils, son amour, avec l'esprit qui inonde la nature divine de ses ardeurs, avec le Verbe intelligence en Dieu, splandeur de sa gloire, élément de ses conseils? Devenu Jésus-Christ pour se rapprocher de nous et nous attirer à lui, les Saints peuvent-ils épuiser jamais tant de grandeurs et tant de sciences?

Dans l'ordre de leur hiérarchie, les Prophètes, les Apôtres, en leur grade respectif, ressemblent aux généraux du grand roi, président sur leurs siéges plus fameux que les trônes des Césars, aux lectures qui ne sont plus mystérieuses dans le livre des élus, où se repaissent toutes les intelligences, où elles voient le passé, le présent et la durée infinie de leur bonheur. Les martyrs empourprés de leur propre sang, reçoivent de celui de Jésus-Christ leur couleur et leur gloire; les Docteurs, avec les palmes de leur science, comprennent la valeur de leur travail d'autrefois, voient les chances que la Foi avait à parcourir, le prix de la patience et de l'humilité, la sagesse d'un long examen, et comment quelques vérités acquises se trouvaient enveloppées avec d'autres qu'on n'apercevait pas, comment le dur obstacle des contradictions présentait ses doubles faces, ses saillies, ses rainures, sur une route qui menait à la connaissance des causes et nous tenait errants autour du fil qui nous eût introduit dans le sanctuaire des véritables sciences. Les Saints, quoique tous imprégnés de Jésus-Christ, gardent une marque distinctive, et dans les revues, s'il plaît au Seigneur de mettre tout son monde en spectacle, chacun admire les mille proportions ou nuances, les rapports des caractères, comment les uns abondent dans une vertu, d'autres en des qualités différentes. Tous, aimés et aimant, reçoivent de Jésus-Christ les flammes qui les environnent et les réunissent.

Quelque majestueuse que soit l'assemblée des Saints en la présence de Dieu, il semble qu'il manquerait quelque chose à tant de richesses, si la sainte Vierge ne venait se produire entre Dieu et les élus. Notre pauvre nature une fois flétrie, quoique régénérée, une fois hors la sainteté de Dieu, quoique rachetée et retrouvée par lui, quoique même plus en valeur après de nouveaux dons, la griffe du serpent ne laisserait pas de remuer. Le diable, condamné, jugé, méprisé, jeté dans l'abîme, garotté tant qu'on voudra, plus il sentirait d'outrages, plus ouvrant sa large gueule et gonflant ses passions et ses convoitises déchues, s'il entendait les jubilations des Saints : Ce sont des gens, dirait-il, qui s'amusent ; qu'ils s'en souviennent ou non, j'ai été leur maître ; le nom de mes esclaves me revient. Cette lugubre félicitation serait encore fâcheuse pour notre nature, si pas un seul n'avait échappé au désastre.

Jésus-Christ est homme sans doute ; mais il ne produit pas une personne purement humaine, dans les attributs restreints de notre nature et communs à tous. La personnalité dans le Fils de l'Homme est dévolue au Verbe comme maître et responsable de sa nouvelle nature.

D'ailleurs, Jésus-Christ ne vient pas, comme les autres, d'une paternité terrestre ; le diable n'avait rien à y voir ; puis, l'union avec Dieu, dans une intimité très-absolue, au point que tous ses membres sont pénétrés substantiellement de la nature divine, on comprend qu'il est tout divin, et, quoique homme, il a une manière différente des autres dans sa conception et ailleurs. Ainsi le diable ne pouvait pas jalouser cette proie ; il était le nouvel Adam, mais en plus que le premier, en plus que tous les autres, et dans des conditions d'appartenir et d'être approprié à l'infini en Dieu. Inénarrable dans son éternelle génération, il est inéfable dans sa filiation parmi les enfants des hommes.

Comment Dieu arrivera-t-il à sauver en tous temps un être de notre espèce? Ses lois générales frappent dans le même sens : il n'anéantit plus ce qu'il a fait ou permis, il se contente de le réparer quand il veut. Lui-même alors voudra-t-il se mettre en contact avec le péché et l'instinct mauvais? je ne le pense pas. Il assiste à notre formation, et soit que nos âmes soient antérieures ou immédiates, aussitôt le développement des organes, il est bien le maître de vouloir et d'arrêter les droits que le diable réclame, et qu'il n'exerce qu'après concession. Il n'y a pas, que je sache, d'être qui appartienne au démon, si ce n'est le péché, et c'est bien une tache, une flétrissure, un bouleversement, une faiblesse, une iniquité, mais qui n'est pas distincte de l'individu avec lequel elle s'est appatronée. Alors le diable a beau vouloir, si Dieu s'intéresse à n'être pas dupe pour son propre compte, il interviendra. C'est ce qu'il a fait dans la conception de la sainte Vierge. Jésus-Christ ne voulant pas une parenté avec le péché, et parenté bien active et toute maternelle, cette fois, pour son honneur, il doit exempter sa mère. Marie est fille d'Éve comme les autres, mais sa destination est exceptionnelle ; mère de son Sauveur, elle commence une vie où Dieu doit puiser celle qu'il veut accepter, il est juste que celui qui sauve les autres après le péché, sauve sa mère de toutes les atteintes pécheresses, et qu'il réalise ainsi l'échec prédit au serpent, n'importe du mot: *Ipsa* ou *ipsum conteret caput tuum.* Marie est tellement près de l'exécution, qu'il est juste qu'on ne puisse rien lui reprocher, rien pour la faire rougir qui ne retombe sur Jésus-Christ. Ainsi, elle parlera au Ciel, sur la terre et dans les enfers, si elle veut, sans rencontrer de reproches pour quoi que ce soit.

Encore que cette pensée religieuse eût occupé les âges antérieurs, que des papes savants et des conciles généraux eussent compris la perfection qui doit ressortir en la mère du Sauveur, qu'il y eût des fêtes instituées et un enseignement doctrinal, pour séparer la sainte Vierge de toute tache originelle ou acquise. Comme elle appartenait à une famille perdue, entre ses prérogatives et sa parenté, la voix des siècles, intéressée à sa gloire, présentait sa couronne hors les nuages de toute sorte de péchés. Pour quelques-uns seulement, la révélation paraissait silencieuse ; ils n'admiraient pas assez la Vierge d'Isaïe qui enfante, désignée comme prodige de la puissance de Dieu, et ce n'est pas assez pour elle que les fleurs de la chasteté, il faut, selon le prophète, une grandeur autre que celle du Ciel ; il faut une Vierge qui le soit en tous sens, et surtout en exemption de péché. Le Pontife de nos jours, chef du catholicisme, a publié comme dogme de foi une croyance que l'on aimait à accréditer.

Tous les anges et tous les bienheureux se plaisent donc à contempler, après Dieu, après Jésus-Christ, la reine proclamée dans l'histoire de notre salut, et le plus glorifiée dans la maison du Très-Haut. En descendant sur les Saints, les regards miséricordieux se complaisent en Marie, vierge en tout temps et sous tous les rapports, satisfaits de leur premier essort, ils continuent sur les autres les jouissances du Seigneur. Attirés par les mêmes prérogatives, les Anges et les Saints vénèrent leur Souveraine. Les Anges la voient et s'en glorifient, les prédestinés ont leur Mère et savent la confiance qu'elle leur inspire. Le vil est plus beau, Dieu plus réjoui pour ainsi dire, et les élus plus magnifiques dans la célébration des grandeurs de Marie.

Quand Napoléon IV, ennuyé des fantasmagories de ce monde, que ses dorures, ses joyaux, ses perles, ses diamants lui diront toujours la même chose, qu'il se verra forcé de bailler à ses tableaux, aux représentations, aux badigeonnages des artistes ; lorsque les théâtres, ennuyés ou ennuyeux de leurs pantomimes ou de leur musique quelquefois cabriolée, pourront moins le divertir, un jour, assis au milieu des livres ou sous un arbre, ou mieux en contemplant une nuit sereine, il parcourra tous les âges, tous les pays, toutes les mers, voyant en tout les mêmes objets et leur perpétuité plus monotone dans l'ensemble que frappante par de grands résultats, appliqué à l'étude de lui-même, laissant son esprit courir et, libre dans son action, dire en lui-même : — Si je pouvais multiplier la force de mes armées, les rendre invulnérables plus que le talon d'Achille ; si je pouvais placer des fontaines jaillissantes où l'on manque d'eau, des bois où on les détruit, une santé perpétuelle où la maladie ravage les hommes ; si je pouvais assainir l'atmosphère, rendre les astres de la France plus brillants et tous les hommes heureux, je me plairais à cette œuvre ; mais de ce que personne ne l'a fait, il ne faut pas conclure que ce soit impossible, car le mieux que je conçois prend déjà l'aptitude de l'être, et même ce qui ne se fait pas sur la terre se fera en son lieu, je dois donc chercher celui qui a promis de le faire, et il est plus juste de m'en rapporter à lui qu'à ceux qui non-seulement ne peuvent rien, mais encore soutiennent des négations qui laissent l'esprit en défaut sur ces aperçus.

J'ai mon baptême, qui m'a promis de tout arranger ; en le suivant, je ne perds rien ; si je lui manque, outre ses menaces, je n'ai devant moi que le désespoir ; j'aime bien mieux ne désespérer jamais. Il y en a qui croient, d'autres qui ne croient pas ; ceux qui s'avouent vaincus ne plaisent pas aux Napoléons ; j'aime mieux dire que l'impossible n'est pas français ; j'aime mieux, par delà la vie présente, m'agiter encore avec les ombres, exercer mon énergie et avoir à combattre tous les néants, tous les trépas, tous les vides, tous les cahos. Jésus-Christ m'a dit qu'il avait la véritable vie, qu'il la laissait à ses disciples, c'est vers lui que je me dirige pour le temps et pour l'éternité.